세계사와 함께 보는
어린이 한국사

권타오 글 | 심보영 그림

글 권타오

충주 호반의 한 마을에서 태어나 서울에서 대학을 마쳤습니다. 서울시립어린이병원에서 여러 해 동안 중증 장애 어린이들을 돌보는 일을 했습니다. 2010년 국제신문 신춘문예에 동화 〈종이배〉가 당선되어 본격적인 작품 활동을 시작했습니다. 2011년 한 해 동안 WISH 다문화 장편동화 공모에 《까만 한국인》이 당선된 것을 시작으로 소천문학상 신인상, 한국 안데르센상 동화 부분 대상을 차례로 수상했습니다. 지은 책으로는 《차이나 책상 귀신》《거꾸로 쌤》《처용의 비밀 학교》《벼락과 키스한 선생님》《올백점 초등학교》 등이 있습니다.

그림 심보영

디자인을 전공하던 어느 날, 우연히 만난 그림책에 홀딱 빠져 어린이들을 위한 그림을 그리게 되었습니다. 그린 책으로는 직접 농사짓는 마음으로 그린 《어린이 농부 해쌀이》와 《탈것들을 찾아 떠나는 세계 지도 여행》《과학대소동》《나비 잡는 아버지》《상아의 누에고치》《당나귀 임금님》 등이 있습니다.

감수 임기환

서울대학교 국사학과와 경희대 대학원을 졸업했으며(문학박사), 현재 서울교육대학교 사회과교육과 교수입니다. 고구려 연구재단 연구기획실장을 지냈습니다. 주요 저서로는 《고구려 정치사 연구》《고구려 유적의 어제와 오늘》(공저)《현장 검증 우리 역사》(공저)《미래를 여는 한국의 역사 1》(공저) 등이 있습니다.

세계사와 함께 보는
어린이 한국사
❸ 삼국의 성립과 발전

권타오 글 | 심보영 그림 | 임기환 감수
초판 인쇄일 2017년 9월 8일 | 초판 발행일 2017년 9월 20일
펴낸이 조기룡 | 펴낸곳 내인생의책 | 등록번호 제10호-2315호
주소 서울시 마포구 동교로12길 3 2층
전화 (02)335-0449, 335-0445(편집) | 팩스 (02)6499-1165
전자우편 bookinmylife@naver.com | 홈카페 http://cafe.naver.com/thebookinmylife
기획 편집 창작기획연구소 봄눈 | 디자인 아이엠윌

ISBN 979-11-5723-323-6 74900
ISBN 979-11-5723-240-6 74900 (세트)

text ⓒ 권타오, 2017

책값은 뒤표지에 있습니다.
잘못된 책은 구입처에서 바꾸어 드립니다.

이 도서의 국립중앙도서관 출판시도서목록(CIP)은 e-CIP홈페이지(http://www.nl.go.kr/ecip)와
국가자료공동목록시스템(http://www.nl.go.kr/kolisnet)에서 이용하실 수 있습니다. (CIP제어번호: CIP2017013556)

🅺 어린이제품안전특별법에 의한 제품 표시

제조자명 내인생의책 | 제조년월 2017년 4월 | 제조국 대한민국 | 사용연령 7세 이상 어린이 제품
주소 및 연락처 서울시 마포구 동교로12길 3 2층 02)355-0449

세계사와 함께 보는
어린이 한국사

❸ 삼국의 성립과 발전

권타오 글 | 심보영 그림 | 임기환 감수

내인생의책

추천의 글

삼국 시대 사람들이 만들어 간 풍요로운 역사

이 책은 한반도와 만주에서 삼국 시대 사람들이 펼쳐 나간 흥미진진한 역사를 담고 있어요. 동명 성왕, 온조왕, 박혁거세, 김수로왕이 세운 고구려, 백제, 신라, 가야는 시조의 뜻과 의지를 이어 더 넓은 세상으로 뻗어 가고, 더 큰 뜻을 펼치는 풍요로운 나라로 발전하고자 애썼지요.

만주와 한반도에 걸쳐 크고 강한 나라를 건설했던 고구려는 어떤 역사를 갖고 있을까요? 백성을 사랑하는 마음으로 진대법을 만든 고국천왕, 낙랑군을 내쫓고 평양 땅을 되찾은 미천왕, 율령과 불교로 나라의 틀을 다듬은 소수림왕, 넓은 영토를 확보하고 동북아시아에 이름을 떨친 광개토 대왕, 평양으로 천도하여 한반도를 새 터전으로 삼은 장수왕. 고구려 왕들이 남긴 자취를 따라가다 보면 고구려인들의 씩씩한 기상을 배울 수 있답니다.

바닷길을 넘나들며 해상 왕국을 만들어간 백제의 역사를 살펴볼까요? 나라다운 나라의 기틀을 마련한 고이왕, 북으로 남으로 영토를 넓히고 동서로 이웃 나라와 교류한 근초고왕, 다시 웅진과 사비 땅에서 힘을 키우고 문화를 발전시킨 무령왕과 성왕, 서동 설화의 주인공인 무왕. 백제 왕들의 이야기에는 더 넓은 세계로 나아가려는 진취적인 정신이 담겨 있어요.

한반도 동남쪽 구석에서 가장 늦게 발전했지만, 한강 땅을 차지하고 삼국 통일의 꿈을 키워 간 신라의 역사도 궁금하지요? 신라라는 이름으로 새로움의 의지를 펼쳐 보인 지증왕, 율령과 불교로 새로운 나라를 만든 법흥왕, 한강 땅을 차지하고 삼국 통일의 터전을 마련한 진흥왕, 지혜로 최초의 여왕이 된 선덕여왕. 신라왕들의 행적에는 한 걸음씩 뚜벅뚜벅 걸어간 끈질긴 의지를 찾아볼 수 있어요.

또한 이 책은 고구려인들이 무덤의 벽면에 남긴 갖가지 생활상, 백제 무령왕릉에서 나온 아름답고 화려한 유물들, 신라의 거대한 고분이 모여 있는 대릉원의 이모저모도 소개하고 있어요. 삼국 시대 사람들이 얼마나 슬기롭고 독특한 문화를 누리고 있었는지 보여 준답니다.

여러분은 이 책을 통해 역사 속 많은 선조를 만날 수 있어요. 그분들의 말과 행동, 큰 뜻과 굳은 의지, 크고 작은 업적들이 모이고 모여 찬란하고 위대한 역사를 이루었지요. 자랑스러운 우리 역사를 읽고 여러분도 크고 아름다운 꿈을 키워 가기를 바랍니다.

서울교육대학교 교수 임기환

차례

고구려의 성립과 발전 • 08

콕콕! 우리 역사 바로 짚기

고구려 고분 벽화에서 삼국 시대의 사람들을 만나다 • 34

백제의 성립과 발전 • 38

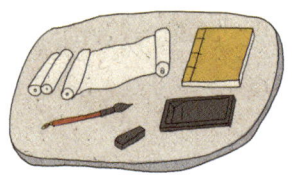

콕콕! 우리 역사 바로 짚기

무령왕릉, 1,400년의 깊은 잠에서 깨어나다 • 66

3 신라의 성립과 발전 • 70

콕콕! 우리 역사 바로 짚기

경주 대릉원에서 황금의 나라 신라를 만나다 • 96

사진으로 보는 우리 역사

한강을 둘러싼 삼국의 대립과 최전성기 • 100

세계사는 지금!

기독교와 로마 제국 • 102

기원전 37년	고구려 건국
서기 56년	태조왕, 동옥저 정복
179년	고국천왕, 왕위에 오름
194년	고국천왕, 진대법 실시
313년	미천왕, 낙랑군 점령
372년	소수림왕, 불교 공인 및 태학 설립
373년	소수림왕, 율령 반포
391년	광개토 대왕, 왕위에 오름
396년	광개토 대왕, 백제를 공격하여 성 58개 차지
400년	광개토 대왕, 신라를 공격한 왜구 토벌
404년	광개토 대왕, 현도군 점령
414년	장수왕, 광개토 대왕릉비 세움
427년	장수왕, 평양으로 도읍을 옮김
475년	장수왕, 백제 공격해 한성 점령하고 한강 진출
494년	부여, 고구려에 복속

고구려의 성립과 발전

고구려는 압록강 중류에 터를 잡고 시작된 나라야.
이곳은 산이 많고 땅이 기름지지 못해서
힘써 농사를 지어도 식량이 부족했어.
이런 까닭에 고구려 사람들은 자연스럽게
주변의 여러 나라를 정복했어.
또 중국과 이웃하고 있어서 그 어느 나라보다 전쟁이 잦았어.
그래도 고구려는 조금도 기죽지 않았어.
나라의 틀을 갖추면서 차근차근 힘을 길러 나갔단다.
지금부터 옛날 고구려 사람들이 남긴 자취를 따라가 볼까?
고구려 사람들이 즐겨 타던 작고 단단한 말을 타고,
고구려의 활 맥궁을 둘러매고서 고구려로 출발!

기원전 37년에 동명 성왕이 나라를 세운 뒤로
고구려는 점차 땅을 넓혀 나가며 힘을 키웠어.
척박한 산악 지대에 자리 잡은 고구려는
농경만으로는 국가를 유지하기 어려워
일찍부터 주변 지역을 정복하는 데 힘을 기울였어.
그 결과 1세기 후반 태조왕 때는
동쪽으로는 개마고원을 넘어 옥저를 복속시켰고,
서쪽으로는 요동군과 현도군을 줄기차게 공격하여
고구려가 고대 국가로 발전할 수 있는 틀을 세웠어.
영토가 넓어지면서 재정이 넉넉해진 고구려는
헐벗고 굶주린 백성을 돕는 일에 팔을 걷고 나섰어.
그걸 알뜰하게 실천한 사람이 바로 고국천왕이야.

고국천왕은 몸집이 큰 데다 무쇠솥을 번쩍 들 정도로 힘이 세었대.
그 덕분에 전쟁터에서도 용맹함을 떨치곤 했지.
고국천왕은 백성들이 먹고사는 문제에도 관심이 많았어.
'어떻게 해야 백성들이 살기 편한 나라를 만들 수 있을까?'
백성 모두가 마음 놓고 잘살 수 있는 나라.
그게 바로 고국천왕이 꿈꾸는 고구려였던 거야.

어느 날 사냥을 나간 고국천왕은 길에서 우는 남자를 만났어.
고국천왕은 남자에게 다가가 물었어.
"너는 왜 울고 있느냐?"
"저는 가난해서 품을 팔아 어머니를 모시고 있습니다.
그런데 올해는 흉년이 들어 일할 데가 없으니
곡식을 구할 수 없어 울고 있습니다."
남자는 눈물을 뚝뚝 떨어뜨리며 대답했어.
그 말을 들은 고국천왕은 마음이 아팠나 봐.
곧바로 옷과 음식을 나눠 주며 남자를 안심시켰어.
"걱정하지 마라. 내가 너의 고민을 해결해 주겠노라."

궁으로 돌아온 고국천왕은 재상 을파소를 불러 의논했어.
"흉년이 들어 많은 백성이 굶주리고 있으니 어찌하면 좋겠소?"
그러자 을파소가 대답했어.
"흉년이 들거나 먹을 게 부족한 봄에는 백성에게 곡식을 빌려주고
가을에 추수를 끝낸 다음 돌려받으십시오.
그러면 굶어 죽는 백성들이 줄고
가난한 백성이 노비가 되는 일을 막을 수 있습니다."
"옳거니. 그렇게 하면 백성들을 널리 도울 수 있겠구려."
고국천왕은 을파소의 의견대로 백성들을 위한 제도를 만들었어.
빰빠라빰!
이게 바로 그 유명한 진대법의 시작이야.
이처럼 고국천왕은 백성들 하나하나를 아름답게 품었어.
솔이끼 하나도 빠짐없이 쓰다듬는 해님처럼 말이야.

진대법

진대법은 가난한 사람을 돕기 위해 만든 제도예요. 고구려 이후 나라들도 고구려를 본받아 가난한 사람들을 돕기 위해 많은 노력을 기울였어요. 고려 시대에는 의창, 조선 시대에는 환곡법을 만들어 사람들을 도왔답니다.

을파소

고구려의 명재상이에요. 원래 을파소는 시골에서 농사를 지으며 조용히 살고 있었어요. 그러다 인재를 찾는 고국천왕의 부름을 받아 벼슬길에 올랐지요. 을파소는 나라의 기틀을 다지고, 훗날 고구려가 크게 발전할 수 있는 기반을 만드는 데 크게 힘썼답니다.

고구려의 왕 가운데 고생 많이 한 사람을 뽑으면
미천왕이 금메달감일 거야.
미천왕의 어릴 때 이름은 을불이야.
을불은 어린 나이에 왕실의 칼부림을 피해 궁에서 도망쳤어.
그리고 왕족 신분을 숨기고 머슴살이를 했지.
그때 만난 을불의 주인은 마음 씀씀이가 못돼 먹은 사람이었어.
어느 정도인지 잘 들어 봐.
집 옆에 있는 늪에서 개구리가 개골개골 울면
을불에게 잠잘 시간도 주지 않고 돌을 던지게 했대.
개골개골!
"돌 던져."
휙휙!
개골개골!
"돌!"
어휴, 쉴 수도 없는 돌팔매질에 을불은 얼마나 팔이 아팠을까?

고생을 견디다 못한 을불은 그 집을 떠나 소금 장수를 시작했어.
그런데 이번에는 욕심쟁이 할머니를 만났지 뭐야.
할머니는 을불에게 자꾸만 소금을 달라며 억지를 부렸어.
을불이 더는 못 주겠다고 거절하자 할머니는 못된 마음을 먹었어.
"흥, 어디 한번 골탕 좀 먹어 봐라."
그날 밤, 할머니는 을불의 소금 속에 자기 신발을 몰래 감추었어.
을불을 신발 도둑으로 몰아 매를 맞게 하려는 속셈이었지.
을불은 할머니의 꼼수대로 정말 매를 맞고 말았어.
이 할머니, 정말 나쁘지?
아마 천벌을 받았을 거야.

그때까지만 해도 을불의 삶은 까만 색종이처럼 어두웠지만
머잖아 환한 빛이 찾아들었어.
을불을 왕으로 모시려고 신하들이 찾아온 거야.
어떻게 된 일인지 알려 줄게.
당시 고구려를 다스리던 봉상왕은 성질이 사납고 난폭했어.
그래서 사람의 도리에 어긋난 행동을 하곤 했지.
결국 보다 못한 여러 신하가 힘을 합쳐 왕을 몰아내고
착한 을불을 새로운 왕으로 모시게 된 거야.
고생 끝에 낙이 온다는 말처럼
을불은 고구려 15대 왕이 되었단다.
짝짝짝! 어려움을 딛고 일어선 을불에게 박수!

왕위에 오른 미천왕은 고사리처럼 웅크렸던 몸을 펴고
마음껏 능력을 발휘하기 시작했어.
미천왕의 가장 중요한 업적은 낙랑군을 없애 버린 일이야.
낙랑군은 중국 한나라가 고조선을 무너뜨리고
그 땅에 세운 한사군 가운데 하나였어.
낙랑, 진번, 임둔, 현도의 네 개 군을 합쳐 한사군이라고 해.
미천왕은 낙랑군을 없애 고조선의 옛 영토를 되찾고,
고구려의 자존심을 세워야 한다고 생각했단다.
"낙랑군을 내쫓아라!"
미천왕이 이끄는 고구려군은 낙랑군을 단숨에 무찌르고
포로를 2천여 명이나 잡았대.
정말 멋지지 않니?
다가닥다가닥!
낙랑군을 향해 말달리는 미천왕과 고구려군의 용감한 모습이
지금도 눈앞에 아른거리는 것만 같아.

너희 학교생활은 어때?
친구들도 많고 선생님도 있으니까 재미나지?
먼 옛날 고구려에도 태학과 경당이라는 학교가 있었어.
이걸 세운 사람이 바로 소수림왕이야.
학교 만들 생각을 하다니 정말 굉장하지 않니?
태학은 고구려의 중앙에 있었는데 귀족의 자식들이 입학했어.
경당은 지방에 세워 백성의 아이들을 공부시켰지.
경당의 과목에는 활쏘기도 있었대.
숙제도 있었냐고?
하핫, 그건 소수림왕에게 물어보고 와야겠는걸.

소수림왕이 한 일은 이것만이 아니야.
불교를 받아들이고, 율령을 만들었어.
율령이 뭐냐면 오늘날의 법을 뜻해.
이전에는 잘못을 저지르면 귀족들이 자기 마음대로 처벌을 했대.
똑같은 잘못을 해도 서로 다른 벌을 받았다니 얼마나 억울했겠어?
그래서 소수림왕이 율령을 만든 거야.
잘잘못을 가리는 공정한 처벌 기준이 마련되자
자연스럽게 나라의 질서가 바로잡히게 되었지.
더불어 왕권, 즉 왕의 힘도 강해졌어.
사실 소수림왕이 학교를 세우고, 불교를 받아들이고,
율령을 만든 이유는 모두 왕의 힘을 강하게 하기 위함이었어.
왕의 힘을 강하게 하는 것.
그건 삼국 시대 왕들의 한결같은 바람이었던 거야.

"돌격하라!"
두두두! 두두두두!
자욱하게 피어오른 먼지를 뚫고 고구려 철갑 기병이 질주하고 있어.
위풍당당 내달리는 철갑 기병을 이끄는 사람은
바로 고구려의 위대한 왕, 광개토 대왕이야.
고작 열여덟 살에 왕위에 오른 광개토 대왕은 거칠 것이 없었어.
당시 중국은 여러 나라로 나뉘어 힘을 다투고 있었대.
영리한 광개토 대왕은 그 틈을 노려 영토 확장에 나섰지.
백제를 공격해 60개의 성을 무너뜨렸고
거란을 쳐서 잡혀갔던 백성 1만여 명을 데리고 돌아왔어.
"왕이시여, 고맙습니다."
고향으로 돌아오게 된 백성들은 헤어졌던 가족과 다시 만나
서로 부둥켜안고 기쁨의 눈물을 흘렸대.
큼큼, 괜히 가슴이 먹먹해지는걸.

거란

거란은 몽골계와 퉁구스계의 혼혈 유목민이에요. 오늘날 중국 랴오허강 상류 쪽에 주로 살았지요. 916년에는 나라를 세우고 나라 이름을 '요'라고 붙였답니다. 요나라가 성립될 당시에 한반도에는 고려가 있었지요. 고려와 요나라는 사이가 아주 나빴어요. 특히 고려는 요나라를 발해를 멸망시킨 원수로 여겼지요. 그래서 요나라를 상대도 하지 않았을 뿐만 아니라, 요나라가 쳐들어왔을 때는 강감찬 장군을 시켜 멋지게 물리쳐 버렸답니다.

광개토 대왕은 동에 번쩍, 서에 번쩍 거침없이 말을 달리며
전쟁을 매번 승리로 이끌었어.
잠자는 고구려의 혼을 깨워 동북아시아의 주인공 나라가 된 거지.
그러다 신라에 왜구가 쳐들어왔다는 소식을 듣자
군사를 보내어 신라를 도와주도록 했어.
"신라야, 걱정 마라. 우리가 간다."
광개토 대왕은 단숨에 왜구를 쫓아내 버렸어.
중국 후연이 기습 공격을 해 왔을 때는 또 어땠는지 알아?
뛰어난 지략과 용맹함으로 고구려 병사를 이끌어
결국 후연까지 물리쳤단다.
광개토 대왕의 눈부신 활약은 이것으로 끝이 아니야.
부여는 물론, 말갈이 살던 땅의 일부도 우리 땅으로 만들었대.
정말 '정복왕'이라는 표현이 딱 맞는 왕이지?

광개토 대왕이 정복한 땅이 얼마나 넓었는지 알아?
이때 고구려 영토는 오늘날 중국 요동 지방을 포함하여
만주 대부분을 차지할 만큼 넓었어.
"누가 우리 고구려에 맞설 것이냐?"
광개토 대왕 덕분에 고구려는 동북아시아 최고의 나라가 되었지.
어느 나라도 광개토 대왕 앞에서는 무릎을 꿇을 수밖에 없었어.
하지만 안타깝게도 광개토 대왕은 39세에 세상을 뜨고 말았어.
위대한 왕이라고 목숨이 두 개인 건 아니거든.
광개토 대왕의 뒤를 이어 왕위에 오른 장수왕은
아버지의 빛나는 업적을 오래도록 남기고 싶어 했어.
그래서 아주 거대한 광개토 대왕릉비를 만들었어.
이 비가 얼마만 한 줄 아는 사람?
큰 책상만 하냐고?
땡! 틀렸어.
자그마치 6미터가 넘는 크기에 무게도 37톤이나 된대.
어휴, 상상하기도 어려울 정도로 어마어마하지?

광개토 대왕릉비에는 광개토 대왕이 살아 있을 때 이룬 일이
한 글자 한 글자 또박또박 새겨 있어.
참, 비석에 적힌 광개토 대왕의 정식 이름은 따로 있대.
"국강상광개토경평안호태왕."
좀 길지?
그래서 간단하게 '광개토 대왕'이라고 부르는 거야.

이번에는 광개토 대왕의 맏아들인 장수왕 이야기를 들려줄게.
장수왕은 체격이 우람하고 씩씩한 기상을 지녔어.
위대한 아버지를 잃은 장수왕은 가슴 한편이 무너졌어.
그래도 마냥 슬픔에 젖어 허우적거리지는 않았어.
"아버지가 이루어 놓은 광활한 영토를 잘 다스릴 테다!"
장수왕은 힘을 내어 나랏일을 챙기기 시작했어.
도읍을 국내성에서 대동강 근처, 지금의 평양으로 옮기고
고구려가 더 크고 강한 나라로 도약할 수 있는 발판을 닦았단다.

한 번은 장수왕이 중국 북위에 사신을 보냈어.
당시 중국은 남북으로 나뉘어 있었는데
북중국을 통일한 나라가 북위, 남중국을 차지한 나라가 남제였어.
북위는 손님으로 온 남제와 고구려 사신에게 똑같은 자리를 주었대.
화가 난 남제의 사신이 득달같이 항의를 했어.
중국에서는 큰 나라와 작은 나라를 같이 대우하지 않았거든.
"큰 나라와 작은 나라를 같이 대우해서는 아니 될 일이오.
그런데 어째서 큰 나라인 우리가 작은 나라인 고구려와
똑같은 대우를 받아야 한단 말이오?"
이때 북위가 한 대답은 간단했어.
"고구려가 힘이 세고 강하니 어쩔 수 없소."
대체 고구려가 얼마나 막강했으면 중국도 쩔쩔맸을까?
생각만 해도 가슴이 뿌듯해지지?

그런데 장수왕은 백제를 싫어했던 모양이야.
왜냐하면 증조할아버지인 고국원왕이
당시 백제의 근초고왕에게 공격을 받아 세상을 뜬 일이 있었거든.
광개토 대왕릉비에서도 장수왕의 그런 감정을 엿볼 수 있어.
신라는 신라라고 적은 반면, 백제는 백잔이라고 기록했거든.
백잔이 뭐냐고? 백제를 몹시 낮추어 부르는 말이야.
때맞춰 장수왕은 백제를 강하게 압박하며
고구려의 힘을 남쪽으로 뻗치기 시작했어.
그러자 백제가 안달이 났지 뭐야.
놀란 백제의 개로왕은 중국의 북위에 사신을 보내 도움을 부탁했어.
"고구려를 공격하려고 하니 군사를 보내 도와주시오."
하지만 북위는 개로왕의 요청을 거절해 버렸어.
엎친 데 덮친 격으로 장수왕이 이 사실을 알아채 버렸대.
"백제를 그냥 두면 안 되겠다."
장수왕은 군사를 이끌고 백제의 한성으로 쳐들어갔어.
고구려의 공격을 예상하지 못한 백제는 우왕좌왕할 뿐이었어.
결국 한성을 빼앗기고 도읍을 웅진으로 옮기는 치욕을 당했대.

장수왕은 백제에 이어 신라도 거칠게 압박했어.
고구려가 남쪽의 백제와 신라를 공격하여 영토를 빼앗는 정책을
'남진 정책'이라고 해.
남진 정책은 소수림왕 때 시작되어 광개토 대왕을 거쳐
장수왕 때 이르러 절정을 맞았어.
그 덕분에 고구려는 역사상 가장 넓은 땅을 가지게 된 거야.
한마디로 고구려의 황금기,
고구려가 동북아시아의 진정한 주인공이던 시절이었다고.

장수왕은 오래오래 살다가 98세에 세상을 떠났어.
장수왕이 살아 있을 때 고구려가 남진한 내용을 새긴 비석이 있는데
그게 바로 중원 고구려비야.
중원 고구려비는 남한에 단 하나밖에 없는 고구려 비석이야.
역사적으로도 커다란 가치가 있는 유물이지.
중원 고구려비에는 장수왕이 고구려를 다스리던 때에
고구려의 땅이 남한강까지 이르렀다고 또렷이 새겨 있어.
한편 고구려가 강해지면서 백제와 신라에도 변화가 시작되었어.
어떤 변화였는지 다음으로 넘어가 볼까?

콕콕! 우리 역사 바로 짚기

고구려 고분 벽화에서 삼국 시대 사람들을 만나다

옛날 사람들은 죽은 뒤에도 살아 있을 때의 삶이 계속된다고 믿었어요. 그래서 커다란 무덤 안에 방을 만들고, 그 안에 살아생전에 쓰던 물건을 넣어 놓았지요. 또한, 무덤 안의 사방 벽면에는 형형색색의 그림을 그려 넣었어요. 이처럼 무덤 안에 그려 넣은 그림을 '고분 벽화'라고 해요.

특히 고구려 사람들이 만든 고분에는 고분 벽화가 많이 남아 있어요. 우리는 고구려의 고분 벽화를 통해 삼국 시대 사람들이 어떻게 살았는지, 어떤 옷을 입었는지, 어떤 집에서 살았는지, 또 무슨 생각을 했는지 등을 알 수가 있답니다.

안악3호분에 있는 고구려의 부엌

아궁이에서 불이 활활 타오르고, 부뚜막 위에 커다란 시루가 놓여 있어요. 한 여자는 아궁이 앞에서 불이 꺼지지 않게 지켜 보고, 다른 여자는 시루 앞에 서서 기다란 막대로 시루 안을 젓고 있지요. 그 옆에 있는 여자는 작은 상에 음식을 담고 있어요. 옛날 고구려 사람들이 부엌에서 어떻게 음식을 했는지 잘 보여 주는 그림이랍니다.

안악3호분 묘주

묘주란 무덤의 주인이에요. 가운데 있는 남자가 묘주예요. 그 옆에는 관리들이 작게 그려져 있어요. 아마도 묘주는 힘 있고 지위가 높은 귀족이었나 봐요. 그래서 크게 그린 모양이에요. 이 고분 벽화를 통해 우리는 고구려 귀족이 어떤 옷을 입었는지 알 수 있답니다.

안악3호분 묘주 부인

묘주 부인 옆에 있는 작은 여자들은 시녀예요. 화려한 비단옷을 입은 부인에게 무언가를 가져다주고 있네요.

수산리고분의 서벽 벽화

고구려 여인들의 행렬이 이어지고 있어요. 자그마한 시동이 일산(햇볕을 가리기 위하여 세우는 큰 양산)을 씌워 주고 있는 키 큰 여자가 바로 묘주 부인이에요. 색동 주름치마를 입고 볼연지를 찍은 모습이 무척이나 곱네요. 그림 속 여인들의 주름치마가 잘 보이나요?

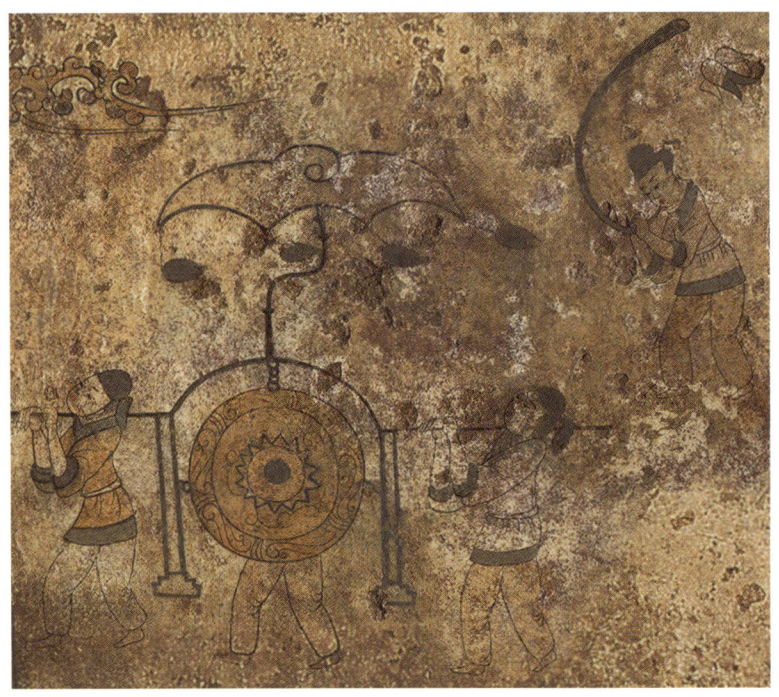

수산리고분의 악대 벽화

고구려 음악가들이 둥그런 북과 기다란 뿔나팔을 연주하고 있어요. 잘 보면 모두 소매를 걷고 있지요? 팔을 자유롭게 움직여 연주하려고 그러나 봐요.

북쪽 현무

동쪽 청룡

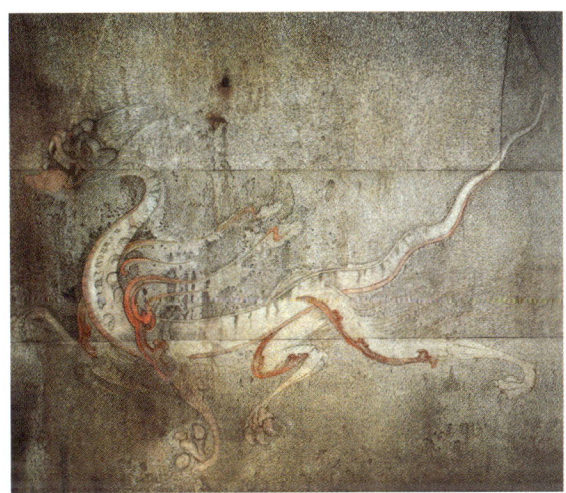
서쪽 백호

남쪽 주작

강서대묘 〈사신도〉

'사신'은 동쪽, 서쪽, 남쪽, 북쪽의 네 방향을 상징하는 신을 말해요. 북쪽은 현무, 동쪽은 청룡, 서쪽은 백호, 남쪽은 주작이 맡지요. 강서대묘는 고구려 후기 무덤으로 사신과 함께 기린, 봉황 등 상상 속 동물과 연꽃 등이 그려져 있어요. 이 고분 벽화 속에서 우리는 옛날 고구려 사람들의 정신 세계를 엿볼 수 있답니다.

기원전 18년	백제 건국
서기 234년	고이왕, 왕위에 오름
260년	고이왕, 16관등 마련 및 복색 제정
371년	근초고왕, 고구려 평양성 공격으로 고국원왕 전사시킴
375년	근초고왕, 고흥을 시켜 《서기》 편찬
384년	침류왕, 불교 공인
433년	비류왕, 신라와 나제 동맹을 맺음
475년	문주왕, 웅진으로 도읍을 옮김
538년	성왕, 사비로 도읍을 옮김

백제의 성립과 발전

백제는 온조왕이 하남 위례성을 도읍으로 삼은 뒤로
475년까지 줄곧 한강 유역을 중심으로 발달했어.
기후가 온난하고 땅이 기름져 농사짓기에 알맞았고
한강 물길을 따라 중국, 일본 등과 교류하며
문화 강국으로 성장하기에 좋았단다.
그래서 백제는 삼국 중에서 가장 먼저
고대 국가로 발전하며
우아하고 세련된 문화를 활짝 꽃피웠어.
특히 일본에 아직기와 왕인을 보내
유교와 한학을 전파하고
일본 고대 문화 형성에도 커다란 역할을 했다지 뭐야.
백제는 어떻게 그토록 찬란하고 세련된 문화를 이루었을까?
궁금해서 몸살이 날 것 같네.
지금부터 차근차근 백제의 역사를 들여다보자.

백제는 일찌감치 고대 국가의 틀을 마련한 나라야.
백제가 강력한 중앙 집권적 체제로 발전할 수 있었던 것은
고이왕이 나라의 기틀을 잘 다진 덕분이었어.
고이왕은 관직을 6좌평 16관등으로 갖추고
신분의 높고 낮음에 따라 관리들의 옷 색깔을 맞춰 입도록 했어.
제일 높은 관리는 자주색, 중간 관리는 붉은색 옷을 입혔지.
마지막으로 낮은 관리들은 푸른색 옷을 입게 했대.
자연히 관리들 사이에서 위아래 질서가 생겼겠지?

그뿐만이 아니야.
고이왕 또한 백성들을 아끼는 왕이었어.
흉년이 들면 곡식을 내주고 세금을 받지 않는가 하면
한강 유역의 평야 지대까지 논을 일구어
더 많은 곡식을 거둘 수 있게 만들었지.
이는 굶주리는 백성들이 없도록 하려는 어진 뜻이었어.
고이왕 덕분에 백제는 한강 유역을 온전히 차지할 수 있었대.
나아가 넓은 평야에서 거둔 풍성한 곡식으로 경제력을 키우며
세련되고 우아한 문화 예술을 꽃피워 나갔어.

백제의 전성 시대를 연 주인공은 바로 근초고왕이야.
근초고왕이 강력한 중앙 집권적 고대 국가 체제를 만든 덕분에
백제는 삼국 가운데 가장 빨리 전성기를 맞을 수 있었어.
근초고왕은 북으로 고구려를 압박하고
남으로 마한을 정복하여 백제 역사상 가장 넓은 영토를 차지했지.
또한 북쪽의 황해도 일부와 서해까지 힘을 뻗치며
백제의 위상을 널리 떨쳐 나갔어.
그야말로 백제를 대표하는 왕답지?
나아가 근초고왕은 왕위를 부자 상속제로 바꾸어서
왕위가 아버지에게서 아들에게 이어지게 했대.
그 덕분에 백제는 왕권이 크게 강화될 수 있었어.
근초고왕이 나라를 다스린 30여 년 동안
백제는 가장 넓은 영토를 차지했을 뿐만 아니라
정치, 경제, 문화, 예술 분야에서 최고의 번영을 누렸어.
특히 근초고왕은 역사에도 관심이 깊어서
고흥을 시켜 《서기》라는 역사서를 기록하게 했대.
다만 안타깝게도 《서기》는 오늘날에 전하지 않아.

삼한

삼한은 한반도 남쪽에 자리한 작은 나라들의 연맹체인 마한, 진한, 변한을 일컬어요. 마한은 지금의 전라도와 충청도, 경기도 부근에 있었고요. 진한은 경북 지역, 변한은 경남 일대에 주로 자리 잡고 있었답니다. 진한과 변한에서는 질 좋은 철이 많이 나와서 철을 화폐처럼 쓰고, 낙랑과 일본에 수출했다고 해요. 삼한은 철기 문화가 발달한 농경 사회였어요. 특히 벼농사가 발달하여 대규모 저수지를 만들기도 했답니다. 제천의 의림지, 김제의 벽골제, 밀양의 수산제가 이때 만든 저수지예요.

근초고왕은 바다 건너 일본에도 큰 영향을 미쳤어.
당시 일본은 백제와 비교할 수 없을 만큼 뒤떨어진 생활을 했거든.
그때 근초고왕이 아직기와 왕인 등 박사들을 일본에 보내 준 거야.
아직기는 일본 태자의 스승이 되었고
아직기의 추천으로 일본으로 건너온 왕인은 유학과 한자를 가르쳤지.

일본 역사서에는 왕인이 《논어》 열 권과 《천자문》을 들고
일본으로 왔다고 기록되어 있대.
왕인은 일본 유학의 아버지로 불리며
지금까지도 일본 곳곳에서 널리 존경받고 있어.
이처럼 백제는 일본에 선진 문화를 전해 주며
돈독한 관계를 유지했어.
근초고왕은 일본 왕에게 칠지도를 내려 주기도 했어.
칠지도는 일곱 개의 가지가 달린 칼이야.
이 칼에는 백제의 왕이 일본의 왕에게 내린다는 글이 새겨져 있어.
어때? 고구려에 광개토 대왕이 있다면 백제에는 근초고왕이 있지?

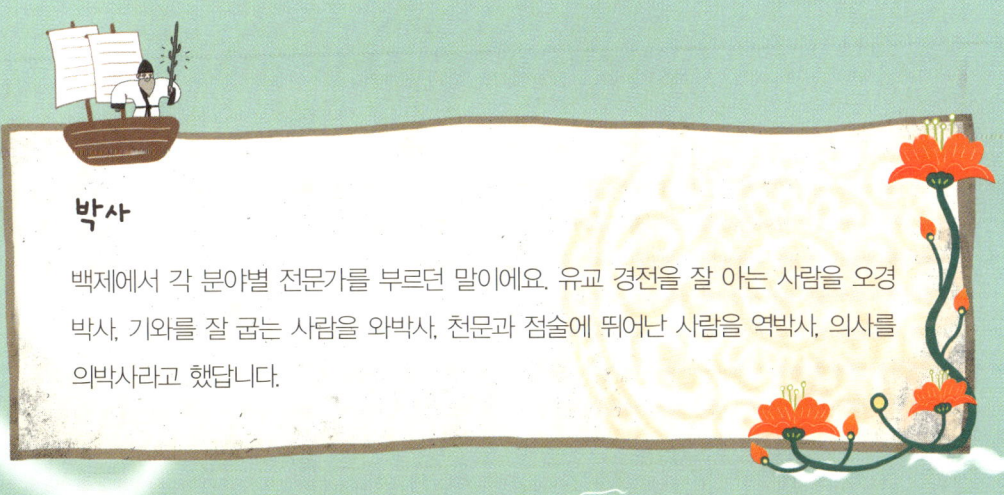

박사

백제에서 각 분야별 전문가를 부르던 말이에요. 유교 경전을 잘 아는 사람을 오경박사, 기와를 잘 굽는 사람을 와박사, 천문과 점술에 뛰어난 사람을 역박사, 의사를 의박사라고 했답니다.

고구려와 신라 역시 일본에게 저마다 문화를 전해 주었어.
일본에 문화를 전해 준 나라 중에는 가야도 있어.
가야는 우수한 철기와 토기를 전해서
일본의 철기 문화와 스에키 토기에 큰 영향을 주었대.
고구려의 담징 스님은 일본에서 유교의 5경과 그림을 가르치고
물감과 먹, 종이 만드는 법을 전해 주었어.
혜자 스님은 일본 쇼토쿠 태자의 스승이 되어
불교를 가르쳐 주었어.
쇼토쿠 태자는 혜자 스님의 가르침을 받아 일본 불교를 크게 발전시켰지.
그밖에도 많은 고구려 스님이 일본에서 활약했어.
사찰 건물의 배치, 불상을 만드는 방법을 알려 주기도 하고,
불교 사상을 가르치며 일본에 발달된 불교문화를 널리 퍼뜨렸지.
그 결과 일본에서 발견되는 불교 문화재 가운데에는
고구려 영향을 받은 유물과 유적이 꽤 많다고 해.
이걸로 끝이 아니야. 일본은 고구려 고분 벽화의 영향도 받았어.
다카마쓰 고분 벽화에서는 고구려 수산리고분의 벽화 속 여인이랑
아주 닮은 모습의 여인 그림이 발견되었단다.

신라, 가야의 선진 문화 전래

자, 다음은 신라야.
신라는 백제와 고구려에 비해 일본과 교류가 적은 편이었어.
하지만 알짜배기 기술을 많이 전해 주었지.
배 만드는 법, 도자기 빚는 법,
제방을 쌓아 연못을 만드는 방법 등을 가르쳐 주었어.
참, 당시 일본에는 삼국의 음악이 대인기였대.
고구려악, 백제악, 신라악이라고 해서
일본 사람들이 즐겨 듣고 무척 좋아했다네.
마치 오늘날 한류를 대표하는 케이팝(K-pop)처럼 말이야.
이처럼 우리 조상들이 일본에 발달된 문화를 전해 준 덕분에
일본은 드디어 7세기에 고대 문화를 꽃피우게 돼.
그게 바로 일본 최초의 고대 문화, 아스카 문화야.

근초고왕이 우뚝 세워 놓은 백제의 위상은
개로왕 때 크게 흔들리고 말았어.
무슨 일이 일어났느냐고?
지금부터 찬찬히 개로왕의 이야기에 귀를 기울여 봐.
개로왕이 백제를 다스리던 시절, 고구려에는 장수왕이 있었어.
개로왕은 장수왕이 눈엣가시 같았어.
장수왕이 자꾸만 백제를 압박하며 남쪽으로 내려오려고 했거든.
개로왕은 고민 끝에 중국의 북위에 군사를 요청했어.
"예전부터 북위와 교류하고 싶었으나
고구려에 가로막혀 옴짝달싹할 수 없습니다.
고구려는 정의롭지 못해 언제 배반의 칼을 들지 모릅니다.
실개천의 물도 늦기 전에 막아야 하지 않습니까?
그러려면 우리가 먼저 고구려를 쳐야 합니다.
부디 군사를 내어 주십시오.
지금 고구려를 치지 않으면 나중에 후회하게 될 겁니다."

하지만 북위는 개로왕의 부탁을 들어주지 않았어.
오히려 이 사실이 장수왕의 귀에 들어가 상황이 불리해졌지.
장수왕은 개로왕이 바둑을 좋아한다는 사실을 알고
백제에 도림이라는 스님을 첩자로 보냈어.
도림은 계획적으로 개로왕에게 접근하여
날마다 개로왕과 바둑을 둘 만큼 가까워졌지.
얼마 지나지 않아 개로왕은 도림에게 푹 빠지게 되었어.
"왜 이제야 내 앞에 나타난 건가? 진작 왔으면 더 좋았을 것을."
개로왕이 좋아서 어쩔 줄 모르는 모습이 눈에 선하지?
그러자 도림은 슬슬 개로왕의 욕심을 부추기기 시작했어.
"왕이시여, 궁궐과 성곽 등이 너무 초라합니다.
부디 크고 화려하게 지어 왕의 위엄을 바로 세우소서."
"알았다. 당장 그 말에 따르마."

개로왕은 곧바로 성을 크고 화려하게 짓는 대공사를 벌였어.
나라 곳곳에서 불려 온 백성들은 흙을 구워 성을 쌓고
성안에 화려한 궁실과 정자 등을 지었지.
강을 따라 둑을 세우고 성곽을 쌓기도 했어.
날마다 큰 공사가 이어지니 백성들은 점점 살기가 힘들어졌지.
"아이고, 먹고살기도 힘든데 우리 왕은 공사만 벌이네."
시간이 흐를수록 백성들의 한숨과 원망의 소리가 높아졌어.
하지만 안타깝게도 개로왕의 귀에는 잘 들리지 않았나 봐.

그러자 도림은 재빨리 장수왕에게 소식을 전했어.
"지금 백제를 치면 반드시 승리할 수 있습니다."
장수왕은 곧장 군사를 일으켜 한성을 에워싸고 네 갈래로 공격했지.
몰려드는 고구려군을 본 개로왕은 찌부러진 두꺼비 얼굴이 되었어.
"내가 어리석은 탓에 간사한 자의 말을 믿어 이 지경이 되었구나."
다급한 개로왕은 나제 동맹을 맺은 신라에 사신을 보냈어.
이어서 아들 문주 태자를 불러 말했지.
"일이 이렇게 된 것은 내 잘못이다.
너라도 안전한 곳으로 피하여 백제의 왕통을 잇도록 하여라."
문주 태자는 눈물을 흘리며 부하들과 함께 남쪽으로 피신했어.
남은 개로왕은 고구려 군사에게 붙들려
아차산성까지 끌려가 비참한 죽음을 당하고 말았어.
그렇다고 개로왕이 어리석고 나쁘기만 한 왕은 아니었어.
개로왕도 나름대로 중국, 일본과 교류하며
고구려에 맞서려고 노력했거든.
하지만 첩자의 꾐에 넘어가 나라를 망쳤으니
왕의 판단이 얼마나 중요한지 잘 알겠지?

나제 동맹

고구려의 힘이 강해지자 신라와 백제가 서로 돕기로 약속하고 동맹을 맺었어요. 이 동맹을 신라의 '라'와 백제의 '제'를 따서 나제 동맹이라고 불러요. 나제 동맹은 433년부터 553년까지 120년간 이어졌지요. 그러다 신라의 진흥왕이 백제가 고구려에게서 되찾은 한강 유역을 빼앗으면서 끝이 났답니다.

개로왕의 뒤를 이어 왕위에 오른 문주왕은 도읍부터 옮겼어.
백제의 자존심은 누룽지처럼 납작해졌지만
도읍 한성을 고구려에 빼앗겼으니 어쩔 도리가 없었지.
문주왕은 웅진성을 백제의 두 번째 도읍으로 삼고,
어수선한 나라 안팎을 다독이려고 애썼어.
하지만 왕위에 오른 지 고작 4년 만에 세상을 뜨고 말았어.
그다음 왕들도 별다른 힘을 쓰지 못한 탓에
백제는 한동안 어둠의 굴레에 갇혀 버렸어.
그래도 밤은 길지 않았어.
바로 무령왕이 혜성처럼 등장한 거야.
"우리 백제가 이렇게 끝날 수야 없지."
무령왕은 키가 크고 눈썹과 눈이 그림처럼 멋졌다고 해.
게다가 마음씨가 인자하고 너그러워서 백성들이 무척 따랐대.
실제로 무령왕은 백성들을 매우 아끼고 사랑한 왕이었어.
흉년이 들면 창고를 열어 백성들에게 먹을 것을 나누어 주고
제방을 튼튼히 쌓아 백성들이 농사를 잘 지을 수 있도록 도왔지.
무령왕은 나라를 지키는 일에도 온 힘을 다했어.
말갈이 쳐들어오자 두 차례나 물리쳤고
고구려와 맞서서도 승리했어.

무령왕 다음에 왕위에 오른 사람이 바로 성왕이야.
성왕은 백제의 중흥, 즉 두 번째 전성기를 일구어 낸 훌륭한 왕이지.
세찬 비바람 앞에 흔들리는 종이배 꼴이었던 백제는
성왕 대에 이르자 비로소 안정을 되찾게 되었어.
성왕은 우선 도읍을 사비성으로 옮기고
나라 안팎에 새로운 변화의 바람을 일으켰어.
백제가 어느 정도 안정되자 성왕은 마침내 고구려 공격에 나섰어.
"오래전 고구려에게 빼앗긴 한강을 되찾자."
성왕은 신라 진흥왕과 함께 나제 연합군을 일으켜
고구려를 공격하고 잃어버렸던 한강 일대를 되찾았어.
개로왕 때 빼앗긴 뒤로 70여 년 만에 거둔 쾌거였단다.
"선왕들이시여, 우리 백제가 드디어 한강을 되찾았습니다."
잃어버렸던 땅을 되찾은 감격은 얼마나 컸을까?
성왕이 한강변에서 축배를 드는 모습이 눈에 선하지 않니?

하지만 기쁨도 잠시였어.

신라 진흥왕이 백제를 기습 공격해서 한강을 빼앗아 버린 거야.

진흥왕에게는 백제와의 의리보다는 신라의 이익이 더 중요했거든.

결국 성왕은 어렵게 되찾은 한강 일대를 통째로 신라에게 안겨 준 꼴이 되었어.

성왕은 화가 나서 어쩔 줄 몰랐어.

나제 동맹까지 깨뜨리면서 뒤통수 친 신라를 도저히 용서할 수 없었지.

"배신자 신라야, 내 칼을 받아라."

성왕은 바로 군사를 일으켜 신라와 전쟁을 벌였어.

처음에는 성왕이 이기는 듯 보였어.

그러나 슬슬 신라 쪽으로 전세가 기우는가 싶더니

끝내 성왕이 신라의 복병에게 죽임을 당했지.

어휴, 백제의 큰 별이 떨어진 거야.

그 뒤로 백제는 다시 나라가 위축되면서 왕권도 약해져 갔대.

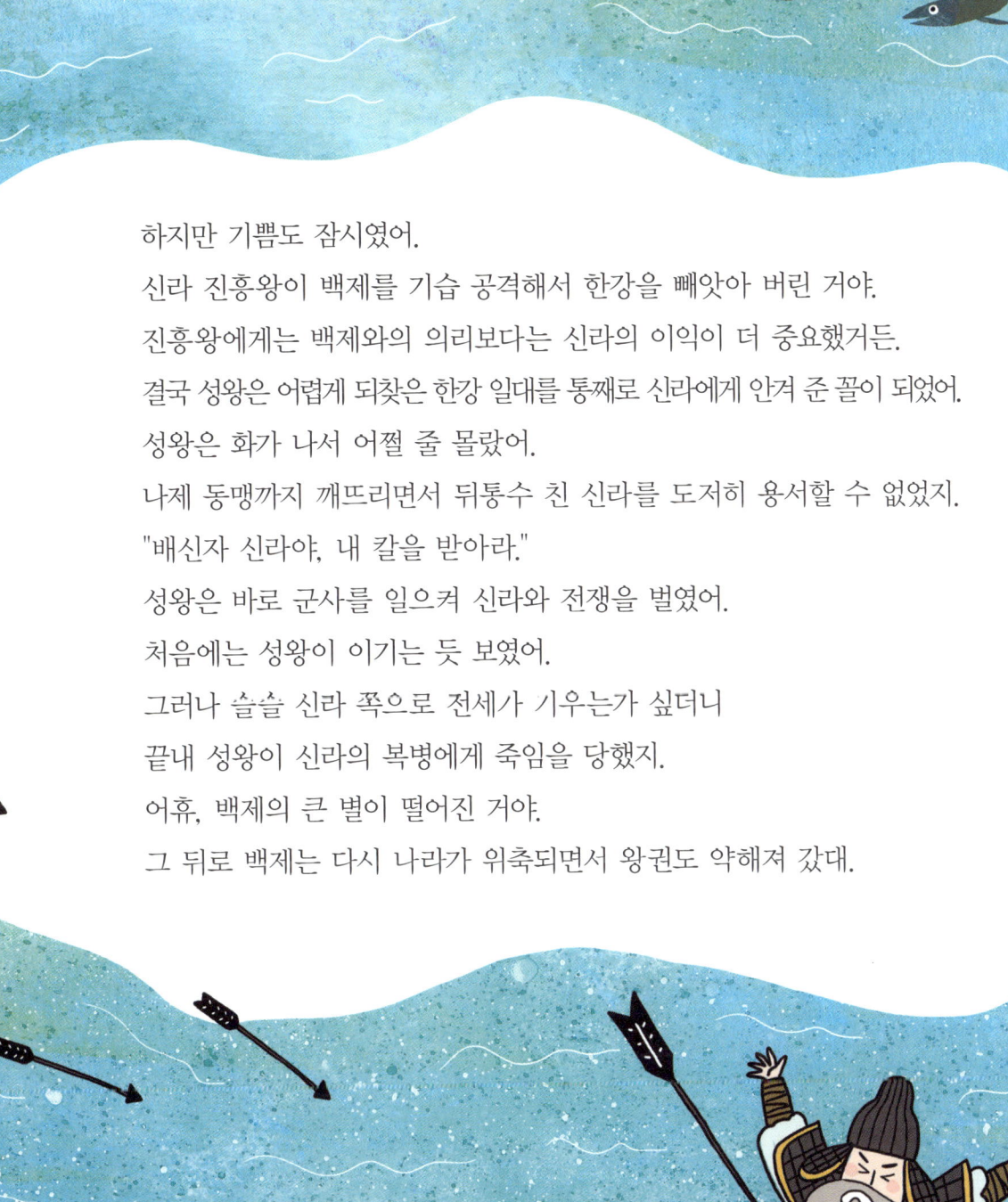

성왕이 죽고 나자 백제는 깜깜한 우물 속에 갇힌 듯했어.
그런 백제를 다시 빛 속으로 끌어올리고자 했던 왕이 있어.
바로 30대 무왕이야.
무왕은 씩씩하고 용맹하기로 이름난 왕이었어.
무왕에게는 '서동과 선화 공주'라는 재미난 설화가 전해져.
설화에 따르면, 무왕은 왕이 되기 전에 홀어머니와 가난하게 살았대.
마*를 캐다 팔아서 번 돈으로 그날그날 먹고 살아서 '서동'이라고 불렸지.
서동이란 마를 캐는 아이라는 뜻이란다.
어느 날, 서동은 신라 진평왕의 딸 선화 공주에 관한 소문을 들었어.
"선화 공주는 선녀처럼 예쁘대."
서동은 선화 공주가 너무너무 궁금했어.
그래서 직접 신라로 가서 선화 공주를 봤더니, 이게 웬일이야!
서동은 선화 공주를 보자마자 귓볼이 보글보글 끓는 것만 같았지.
선화 공주가 서동의 마음을 훅 끄는 듯했어.
그래, 서동은 한눈에 사랑에 빠져 버렸어!

*마 : 감자와 비슷한 뿌리를 가진 덩굴 식물.

'나는 선화 공주님이랑 결혼할 거야.'
결심은 차돌처럼 단단했지만
보잘것없는 서동이 어떻게 공주님과 결혼할 수 있겠어?
서동은 곰곰이 고민한 끝에 한 가지 꾀를 냈대.
아이들에게 마를 나눠 주면서 노래를 불러 달라고 부탁한 거야.

선화 공주님은 남몰래 시집가서
서동이를 밤이면 몰래 안고 간다.

이게 바로 〈서동요〉야.
서동요는 온 신라에 퍼졌고 마침내 진평왕의 귀까지 들어갔대.
화가 난 진평왕은 선화 공주를 궁 밖으로 쫓아내 버렸어.
눈물을 흘리며 걷는 선화 공주 앞에 서동이 턱 나타나 말했지.
"제가 공주님을 지켜 드리겠습니다."
오갈 데 없는 선화 공주는 서동을 따라 백제로 왔단다.
곧 서동과 사랑에 빠졌고 부부가 되었어.
이후 선화 공주는 서동이 마를 캐던 곳에서 황금을 잔뜩 발견했어.
그 덕분에 서동은 백성들의 마음을 사로잡아 백제의 왕이 되었대.

물론 '서동과 선화 공주' 설화는 실제 역사가 아니야.
백제에서 미륵사를 세운 이야기와 관련된 설화거든.
선화 공주가 신라의 공주가 아니라는 말도 있어.
백제 귀족의 딸이거나 큰 부자의 딸일 수도 있다는 거지.
그럼 실제 무왕은 어땠을까?
무왕은 굉장히 강하고 용맹한 왕이었어.
40년 넘게 백제를 다스리며 신라에게 밀리기는커녕
오히려 강력하게 신라를 압박했거든.
무왕이 세상을 떠나자 중국 당나라도 예우를 갖춰
무왕이 승하*를 무척 슬퍼했대.

*승하 : 임금이나 존귀한 사람이 세상을 떠남을 높여 이르던 말.

콕콕! 우리 역사 바로 짚기

백제 무령왕릉, 1,400년의 깊은 잠에서 깨어나다

공주에 있는 '송산리 고분군'은 백제 왕들의 무덤이 모인 곳이에요. 일제 강점기에 송산리 고분군의 1~6호분을 조사했는데 무덤 주인을 알 수 없어서 순서대로 번호를 붙여서 불렀대요. 안타깝게도 1~4호분은 조사할 당시에 이미 도굴된 상태였지요.

시간이 흘러 1971년 7월 5일, 5호분과 6호분이 장맛비에 잠기지 않도록 보수 공사를 하다 새로운 무덤이 발견되었어요. 바로 '무령왕릉'이었지요. 무령왕릉은 삼국 시대의 무덤 가운데 주인이 누구인지 정확히 밝혀진 최초의 무덤이에요. 다른 백제 왕릉과 달리 도굴꾼의 손을 타지 않아 내부는 물론 모든 유물이 완벽하게 보관되어 있었어요. 무령왕과 왕비의 껴묻거리는 수준 높은 백제의 세공 기술과 세련된 귀족 문화를 보여 주었지요. 또 무덤 속 유물을 통해 당시 중국 등과의 문화적 교류를 확인할 수 있었어요. 무령왕릉에서 출토된 백제 유물은 모두 108종 4,600여 점에 달해요. 국보로 지정된 유물도 12점이나 되지요. 무령왕릉이 보여 주는 1,400년 전 백제로 가 보고 싶어지죠?

무령왕릉 입구

무령왕릉 석수 (국보 제162호)

무령왕릉에 들어선 사람들이 가장 먼저 만났던 1,400년 전 백제의 흔적은 바로 '무령왕릉 석수'였어요. 석수는 궁전이나 무덤 앞에 두는 동물 모양 돌조각을 뜻해요. 무령왕릉 석수는 우리나라에서 처음으로 발견된 석수 유물이랍니다.

무령왕릉 묘지석 (국보 제163호)

'매지권'이라고도 부르는 이 돌에는 무령왕과 왕비의 무덤으로 쓰기 위해 토지신에게 땅을 산다는 내용이 담겨 있어요. 묘지석이 발견된 덕분에 무덤의 주인이 무령왕과 왕비라는 사실을 알 수 있었지요. 이처럼 묘지석은 무덤의 주인 이름부터 당시 백제 사람들의 풍습까지 알려 주는 소중한 유물이랍니다.

무령왕릉 금제관식(왕) (국보 제154호)　　**무령왕릉 금제관장식(왕비)** (국보 제155호)

국보 제154호인 '무령왕 금제관식'과 국보 제155호인 '무령왕비 금제관장식'이에요. 금으로 만든 장식품들로 왕과 왕비가 머리에 쓰는 관에 붙여 사용했답니다. 마치 타오르는 불꽃처럼 화려하고 아름답지요? 특히 무령왕의 금제 관식은 얇은 금판에 가느다란 구멍을 뚫고 더 가느다란 금실로 아주 작고 동그란 장식을 127개나 붙여서 더더욱 화려해요. 백제 사람들의 섬세한 세공 실력을 한껏 느낄 수 있어요.

도자기

무령왕릉에서 발견한 '중국에서 수입한 도자기'예요. 왼쪽의 두 점은 청자, 오른쪽의 한 점은 흑유병이라고 불러요. 이 시절의 청자는 고려청자처럼 맑고 푸른빛이 아니었어요. 하지만 자세히 보면 도자기에 살짝 감도는 푸른빛을 찾을 수 있어요. 흑유병은 도자기에 바르는 유약이 흑색, 곧 검은색인 도자기 병을 말하지요. 무령왕의 무덤에 함께 묻힌 이 중국산 도자기들을 통해 당시 백제와 중국 나라들의 교류가 매우 활발했다는 사실을 알 수 있어요.

무령왕릉의 벽돌

무령왕릉은 벽돌로 쌓아 만든 무덤이에요. 벽돌무덤은 중국에서 유행하는 고분 양식이었지요. 이는 백제와 중국 사이에 문화적 교류가 무척이나 많았다는 사실을 뜻합니다. 또한, 무령왕릉 내부에는 벽돌 한 장 한 장에 연꽃 모양을 새겨 넣은 곳이 있어요. 연꽃은 불교를 상징하는 꽃이에요. 왕릉 안에 이토록 연꽃무늬 장식이 많다는 건 당시 백제에 불교가 널리 퍼져 있었다는 의미예요.

기원전 57년	신라 건국
서기 502년	지증왕, 순장 금지 및 우경 도입
512년	지증왕, 이사부 시켜 우산국 정벌
520년	법흥왕, 율령 반포 및 공복 제정
527년	이차돈의 죽음과 법흥왕의 불교 공인
532년	법흥왕, 금관가야를 멸망시킴
545년	진흥왕, 거칠부를 시켜 《국사》 편찬
553년	진흥왕, 나제 동맹을 깨고 한강 유역 차지
562년	진흥왕, 대가야를 멸망시킴
632년	선덕여왕, 왕위에 오름

3 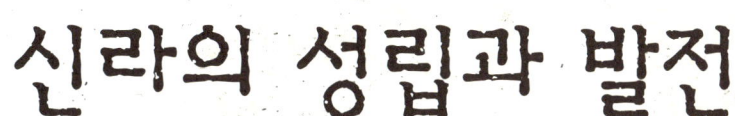 신라의 성립과 발전

신라는 삼국 가운데 가장 늦게 발전한 나라야.
고구려는 중국과 국경이 닿아 일찍부터 문물을 교류하고
백제는 서해 바닷길을 따라 중국과 일본 등과 교류한 반면,
신라는 한반도 동남쪽의 서라벌에 고립되어 있었거든.
그래서 다른 나라와 경쟁할 일이 적었고
선진 문물을 받아들일 기회도 마땅치 않았지.
그래도 신라는 뒷심이 있었어.
신라는 차근차근 내실을 다지며 힘을 키웠어.
고구려와 백제처럼 중앙 집권적 고대 국가로 발전하되
고구려, 백제와는 다른 신라만의 문화 예술을 꽃피웠지.
그리고 훗날 삼국 통일의 주인공이 되었단다.
신라가 어떻게 삼국 통일이라는 큰일을 해냈을까?
자, 모두 함께 우렁차게 신라의 역사를 불러내 보자.
신라 나와라, 뚝딱!

초기의 신라는 고대 국가라기보다는 설화 속 부족 국가의 느낌이 강해.
신라를 처음 세운 박혁거세도 그렇고
석탈해나 김알지 역시 알에서 나온 설화 속 주인공이거든.
그런 신라가 고대 국가로 발전하기 시작한 때는
지증왕부터라고 보면 될 것 같아.
지증왕은 그때까지 거서간, 차차웅, 이사금, 마립간으로 쓰던
왕의 호칭을 중국식 호칭인 '왕(王)'으로 고쳤어.
그러니까 신라는 지증왕부터 왕이라는 호칭을 쓰기 시작한 거야.

신라의 왕 호칭과 의미

- 거서간 – 밝은 해라는 뜻이에요. 신라 1대 박혁거세가 사용했어요. 그래서 혁거세 거서간이라고 해요.
- 차차웅 – 무당이라는 뜻이에요. 2대 남해왕이 사용했어요. 남해 차차웅이라고 하지요.
- 이사금 – 이가 많은 사람. 즉 나이 많은 사람이라는 뜻이에요. 3대 유리왕부터 18대 실성왕까지 썼어요.
- 마립간 – 우두머리라는 뜻이에요. 19대 눌지왕부터 22대 지증왕까지 사용했어요.
  지증왕이 마립간을 왕으로 고치면서 지증 마립간에서 지증왕으로 바뀌었답니다.

또한 지증왕은 나라 이름을 신라로 바꾸었어.
나아가 그때까지 이어지던 순장을 금지시키고 우경을 널리 퍼뜨렸지.
우경은 소를 이용해 농사를 짓는 방법이야.
우경 덕분에 백성들은 힘을 적게 들이고도
더 많은 농작물을 거둘 수 있었어.
"이랴, 이랴!"
"움머!"
어쩐지 밭 가는 소의 워낭 소리가 들려오는 것 같네?

순장

고대 사회에서 왕이 죽으면 살아 있는 종이나 신하를 함께 묻는 일이에요. 죽어서도 왕과 함께하라는 뜻이지요. 지증왕 전까지 신라에서는 왕이 죽으면 남녀 각각 다섯 명을 함께 묻었답니다. 순장 제도는 신라뿐만 아니라 중국과 부여에도 있었어요.

지증왕의 업적은 뭐니 뭐니 해도 우산국 정복이야.
우산국은 지금의 울릉도란다.
우산국은 멀리 떨어져 있다는 이유로 신라 왕의 말을 듣지 않았대.
그래서 지증왕은 이사부를 시켜 우산국을 정벌하게 했어.
이사부는 신라의 장수로 용감하고 지혜로웠어.
"우산국 사람들은 성질이 사나워서 휘어잡기가 쉽지 않다.
어떻게 하면 좋을까?"
이사부는 고민 끝에 한 가지 꾀를 냈어.
부하들을 시켜 나무 사자를 잔뜩 만들어 배에 실은 거야.
그런 다음 우산국 앞바다에 가서 크게 호통을 쳤어.
"당장 항복하지 않으면 맹수들을 풀어 너희를 물어뜯게 할 테다."
우산국 사람들은 나무 사자가 진짜 맹수인 줄 알고 겁을 먹었어.
바들바들 떨다가 넙죽 항복하고 말았지.
이사부의 지혜가 정말 대단하지?
피 한 방울 흘리지 않고 꾀 하나로 섬을 정복한 거잖아?
이래서 사람은 머리를 써야 하나 봐.

지증왕 다음에 왕위에 오른 법흥왕은
마음씨가 너그러워 백성에게 인기가 높았대.
법흥왕을 보면 고구려 소수림왕이 떠올라.
두 사람 모두 율령을 정하고 불교를 받아들이면서
고대 국가로서의 기틀을 마련한 공통점이 있잖아.
고구려와 백제 역사에서도 살펴보았지만
율령을 정하는 건 국가 통치의 질서를 바로잡는 일이잖아?
이는 곧 왕권 강화와도 직접적인 관계가 있어.
또한 불교는 백성들의 마음을 하나로 묶는 효과가 있지.
법흥왕이 율령을 정하고 불교를 받아들인 까닭은
결국 왕권 강화와 함께 신라를 중앙 집권적 국가로
만들고자 하는 속뜻이 있었던 거야.
하지만 법흥왕이 불교를 받아들이기까지는 많은 어려움이 있었어.
"불교를 받아들이면 아니 되옵니다."
신하들은 다투어 불교를 반대했어.
아무리 왕이라도 신하들의 거센 반발을 무시하기는 쉽지 않아.
신하들의 충성이 있어야 왕이 힘을 쓸 수 있거든.
그때 신하 가운데 이차돈이 법흥왕을 찾아왔어.
"저를 죽여서 신하들의 반대를 뿌리치소서."
"그럴 수는 없다. 돌아가거라."
"불교가 널리 퍼질 수만 있다면 저는 죽어도 좋습니다."

결국 법흥왕은 이차돈의 충성심을 높이 생각해
신하들을 불러 놓고 다시 물었어.
"정녕 불교를 받아들이면 안 된다고 생각하시오?"
"마땅히 그러하옵니다."
신하들이 목청을 높이는 순간, 이차돈이 용감하게 나섰어.
"왕이시여, 불교를 받아들이소서.
불교는 신라에 큰 도움이 될 겁니다."
불교를 반대하는 신하들과 이차돈 사이에 팽팽한 긴장이 감돌았어.
그러자 법흥왕이 이차돈에게 말했어.
"너 하나 때문에 의견이 둘로 갈리었구나.
네가 모두의 의견을 따르든지 아니면 목숨을 내놓아라."
이차돈은 눈 하나 깜짝하지 않고 대답했어.
"기꺼이 제 목숨을 가져가십시오.
부처님이 계시다면 제가 죽은 후에 반드시 기이한 일이 생길 겁니다."

정말 이차돈의 목을 베자 굉장한 일이 일어났지.
목에서 붉은 피 대신 하얀 피가 한 길이나 솟았다지 뭐야.
그뿐만 아니라 하늘이 캄캄해지면서 꽃비까지 내리기 시작했대.
"으으, 정말 부처님께서 신통력을 보이나 봐."
놀란 신하들은 다시는 불교를 반대하지 못했대.

그 밖에도 법흥왕은 상대등 제도로 왕권을 더욱 강화시켰어.
상대등이란 오늘날의 국무총리처럼
왕과 신하 사이에서 중재 역할을 맡는 동시에
왕권을 탄탄하게 뒷받침하는 사람이야.
또한 성골은 붉은색, 진골은 자주색으로 옷 색깔을 정하여
관리들 사이의 신분 질서를 정리했어.
어디 그뿐이야?
532년에는 금관가야를 멸망시켰지.
당연히 신라는 더 넓은 영토와 강한 국력을 갖게 됐어.
이처럼 법흥왕이 27년 동안 신라의 기틀을 탄탄히 다져 놓은 덕분에
법흥왕의 뒤를 이은 진흥왕이 나래를 활짝 펼 수 있었단다.
역사에 손꼽히는 위대한 정복왕으로 고구려에 광개토 대왕,
백세에 근초고왕이 있다면 신라에는 진흥왕이 있지.
진흥왕은 아주 어린 일곱 살에 왕이 되었지만,
가슴속에는 그 누구보다도 큰 꿈과 야망을 품고 있었어.
열여덟 살이 되자마자 오랫동안 품은 꿈을 펼치기 시작했어.
마침내 신라에도 커다란 태양이 떠오른 거야.

진흥왕은 활발한 정복 활동으로 신라의 영토를 끊임없이 넓혔어.
한강 유역을 둘러싸고 일어난 고구려와 백제와의 다툼에
마침표를 찍은 것도 바로 진흥왕이었지.
그때 진흥왕의 나이는 고작 스무 살에 불과했어.
562년에는 가야 연맹 가운데 마지막 남은 대가야마저 멸망시켰지.
이로써 가야 땅은 모두 신라 땅이 되어 버렸고
신라는 역사상 가장 넓은 땅을 차지할 수 있었어.
진흥왕은 그런 업적이 자랑스러웠나 봐.
넓혀 나간 영토마다 비석을 턱턱 세웠거든.
대가야를 멸망시킨 다음에는 창녕비를 세우고,
소백산맥을 넘어 고구려 영역을 빼앗은 기념으로 단양 적성비를,
한강 유역을 온전히 차지한 기쁨을 담아 북한산 순수비를 세웠지.
이어 고구려의 함경도까지 영토 확장을 기록한
황초령비와 마운령비까지 만들었대.

여기서 가야에 대해 좀 더 알아볼까?
가야는 낙동강 유역의 여러 나라로 이루어진 연맹 국가였어.
고령가야, 성산가야, 대가야, 아라가야, 금관가야,
소가야와 같은 나라들이 있었지.
가야는 삼한 가운데 변한 땅에 있던 여러 나라에서 발전했다고 해.
그래서 일찍부터 철기 문화가 발달하고
일본의 철기 문화 발전에도 큰 영향을 미쳤어.
금관가야는 중국과 일본에 철을 수출하기도 했대.
가야는 고구려, 백제, 신라처럼 고대 국가로 발전하지 못했지만
문화 수준만큼은 조금도 뒤떨어지지 않았어.
철기뿐만 아니라 토기와 금은 세공품 등을 보면
가야 사람들의 섬세하고 뛰어난 기술력에 입을 다물 수 없을 정도야.
하지만 안타깝게도 가야는 연맹 국가의 한계를 극복하지 못했어.
결국 562년, 대가야가 신라에 무너지면서
가야의 500년 역사도 끝나고 말았단다.

진흥왕 업적 가운데 빼놓을 수 없는 일이 바로 화랑 제도야.
화랑은 생김새가 곱고 무예가 뛰어난 젊은이들이야.
나이는 대략 열다섯 살부터 열여덟 살 정도였지.
진흥왕이 화랑을 뽑은 이유는 나라의 인재를 키우고
전쟁이 일어나면 군사로 쓰려는 목적이었어.
그런 진흥왕의 바람은 잘 이루어졌어.
화랑들 속에서 인재가 솟아나 주었거든.
비 온 다음 날 대나무밭에 퐁퐁 솟아난 죽순처럼 말이야.
그럼 아무나 화랑이 될 수 있었을까?
그건 아니고 귀족에 속하는 진골 출신이라야 가능했대.

그 대신 평민은 화랑을 따르는 낭도가 될 수 있었어.
화랑과 낭도들은 단체로 생활하면서 무예를 배우고
경치가 아름다운 곳을 찾아다니며 몸과 마음을 단련했어.
그러다 전쟁이 일어나면 목숨을 바쳐 싸웠대.
화랑은 원광법사의 세속오계를 받들며 점점 발전해 나갔어.
세속오계란 원광법사가 화랑에게 가르쳐 준 다섯 계율을 말해.
세속오계 중에서 마음에 드는 거 없니? 한번 골라 보렴.

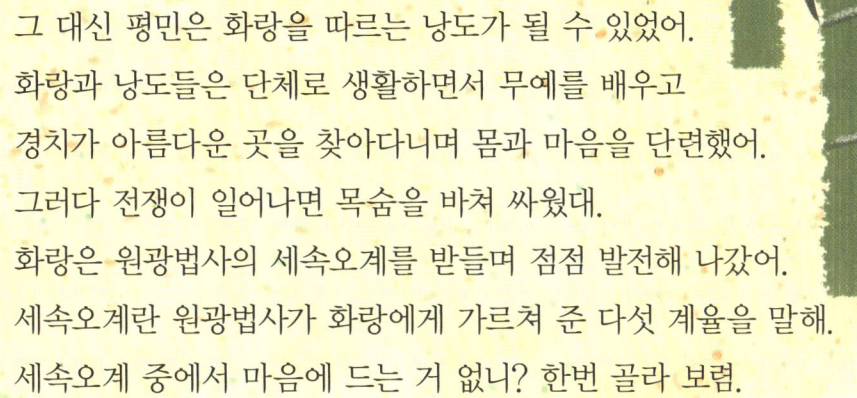

세속오계

첫째, 사군이충 - 충성으로써 임금을 섬기자.
둘째, 사친이효 - 효도로써 어버이를 섬기자.
셋째, 교우이신 - 믿음으로써 친구를 사귀자.
넷째, 임전무퇴 - 싸움을 할 때는 물러서지 말자.
다섯째, 살생유택 - 산 것을 죽일 때는 가려서 하자.

그렇다고 진흥왕이 마냥 전쟁만 한 것은 아니야.
진흥왕은 음악에도 깊은 관심을 가지고 있었어.
한 번은 대가야가 멸망하기 전에 신라로 건너온 우륵을 불렀어.
우륵의 가야금 연주를 감상하기도 하고
우륵에게 사람을 보내 가야금을 배우도록 명령하기도 했지.
우륵은 진흥왕의 명에 따라 세 제자에게 음악을 가르치며
신라의 음악 발전에 큰 영향을 끼쳤어.
우륵이 혼자 가야금을 타던 곳이 바로 '탄금대'야.
또한 진흥왕은 신하의 의견에 따라 《국사》를 펴냈단다.
하지만 《국사》 역시 백제의 《서기》처럼
오늘날에는 전하지 않는다니 너무 안타깝지?

국사

진흥왕이 이사부의 의견에 따라 펴낸 역사책이에요. 임금과 신하의 잘잘못을 기록해 나중 사람들에게 전하려 했다고 해요. 이걸 펴낸 데 공을 세운 사람이 바로 거칠부랍니다.

이처럼 진흥왕이 막강한 힘을 떨치며
신라의 전성기를 이끈 비결은 대체 뭘까?
그건 바로 뛰어난 지도력으로 나라를 이끌었을 뿐만 아니라
인재 양성에 아낌없이 투자한 덕분이야.
화랑처럼 충성스럽고 용맹한 인재들을 키웠기에
마침내 신라가 삼국 통일이라는 큰 뜻을 이룰 수 있었지.

이번에는 우리 겨레 최초의 여왕 이야기를 해 볼까?
삼국에서 유일하게 신라에는 여왕이 있었어.
그 첫째가 바로 선덕 여왕이야.
선덕 여왕은 진평왕의 맏딸인데
왕에게 아들이 없자 왕위를 이어서 신라 27대 왕이 되었대.
선덕 여왕은 지혜롭기로 명성이 자자했는데,
이와 관련된 이야기가 하나 전해지고 있어.

선덕 여왕이 공주일 때였어.
하루는 중국 당나라에서 모란꽃 그림과 꽃씨를 보내 왔지.
공주는 그림을 보자마자 입을 열었어.
"이 꽃은 아름답지만 향기가 없습니다."
진평왕이 웃으며 물었지.
"네가 그걸 어떻게 아느냐?"
"꽃에는 반드시 벌과 나비가 따르기 마련이지요.
그런데 이 꽃에는 벌과 나비가 없으니 향기 또한 없을 거예요."
진평왕이 꽃씨를 심었더니 정말 공주의 말대로
꽃에 향기가 없고 벌과 나비가 날아오지 않았대.
물론 실제로 모란꽃에 향기가 없는 건 아니야.
아마도 모란꽃 이야기는
선덕 여왕의 지혜를 강조하려다 보니 좀 과장된 것 같아.

선덕 여왕은 632년에 왕위에 올라 647년까지
15년 동안 신라를 지혜롭게 다스리며 많은 일을 했어.
나라 곳곳에 관리를 보내 어렵게 사는 백성들을 돕고
1년간 세금을 전혀 걷지 않으면서
백성들의 부담을 줄여 주기도 했지.
또한 선덕 여왕은 불교를 크게 장려했어.
분황사, 영묘사, 황룡사 등이 선덕 여왕 때에 완성된 절이야.
특히 황룡사는 신라가 오래오래 번성하기를 바라는 마음을 담아
진흥왕 때부터 짓기 시작한 신라 최고의 사찰이지.
선덕 여왕은 황룡사에다 높이 80미터의 거대한 9층 목탑을 세웠어.
9층 목탑은 층마다 이웃한 아홉 나라의 이름이 적혀 있어.
일본, 중화, 오월, 탁라, 응유, 말갈, 단국, 여적, 예맥.
이렇게 아홉 나라 이름을 적어 놓은 까닭은 이들의 침략을 막고
오래도록 신라의 태평성대를 지키고자 하는 뜻이었대.
하지만 오늘날에는 황룡사 9층 목탑의 터만 남아 있어.
고려 시대, 몽골과의 전쟁에서 황룡사가 모두 불타면서
황룡사 9층 목탑도 역사 속으로 사라진 거야.

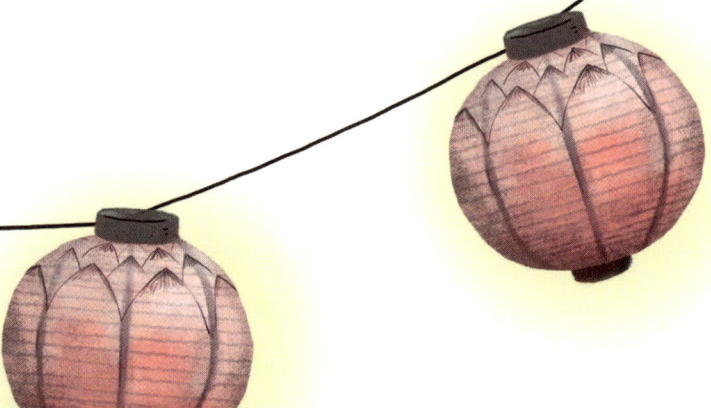

선덕 여왕은 백성을 아끼는 살림꾼이었나 봐.
나라 밖으로 힘을 뻗치기보다
나라 안을 알뜰하게 보살피는 데 힘을 썼거든.
"백성들을 행복하게 해 주어야겠어."
선덕 여왕의 심장은 날마다 그런 바람으로 쿵쾅거렸어.
농사를 잘 지을 수 있게 기상과 천문을 관측하는
첨성대를 만드는가 하면 인재를 가리지 않고 고루 뽑아 썼어.
그 덕분에 가야의 후손인 김유신이 활약할 수 있었지.
김유신은 훗날 김춘추와 함께 신라 삼국 통일의 주역이 된단다.
만약 선덕 여왕이 김유신을 멸망한 가야의 후손이라고 무시했다면
역사는 다른 방향으로 흘렀을지도 몰라.
신라가 삼국 통일을 못 했을 수도 있지 않겠어?
설령 삼국 통일을 하더라도 훨씬 나중에 이뤘을지도 모르지.
진흥왕부터 이어져 온 삼국 통일의 기틀을
선덕 여왕이 튼실하게 다져 놓았기에
신라가 결국 삼국 통일의 꿈에 성큼 다가설 수 있지 않았을까?

콕콕! 우리 역사 바로 짚기

경주 대릉원에서 황금의 나라 신라를 만나다

아주 작은 나라에서 시작했던 신라는 결국 삼국 통일을 이루고 천 년의 역사를 이어 갔어요. 기나긴 역사만큼 수많은 문화유산을 남겼지요. 특히 신라는 '황금의 나라'라는 별명이 있을 정도로 찬란한 황금 유물로 유명해요. 금관, 금귀고리, 금제 허리띠 등 신라의 화려하고 아름다운 황금 유물은 경주 대릉원에서 많이 발견되었어요. 대릉원은 천마총, 황남 대총, 미추왕릉을 비롯한 신라 왕릉 스무 개가 모인 곳을 일컬어요.

경주 대릉원

국립경주박물관

천마도 (국보 제207호)

하늘로 날아오르는 말, 곧 '천마'를 그린 그림이에요. 〈천마도〉는 말안장의 양쪽에 달린 말다래에 그려 넣은 그림이에요. 〈천마도〉가 발견된 곳은 '천마총'으로, 바로 이 그림 때문에 왕릉 이름을 천마총이라고 붙였답니다.

경주 계림로 보검 (보물 제635호)

황금으로 만들고 여러 보석으로 꾸민 화려한 검이에요. 원래는 철로 만든 칼집이 있었는데 지금은 황금 검만 남아 있어요. 이 검은 지금도 소중한 유물이지만 당시에는 더더욱 귀중한 보물이었을 거예요. 특히 지금까지 발견한 삼국 시대의 다른 검과는 달리 유럽과 중동 지방에서 수입한 것이라서 역사적으로도 의미가 깊지요.

국립경주박물관

97

금관총 금관 (국보 제87호)

금관총에서 발견되었어요. 높이가 무려 27.5센티미터나 되는 이 금관에는 곱게 다듬은 옥과 구슬처럼 생긴 작은 장식이 주렁주렁 달려 있어요. 이 장식들을 연결한 것 역시 모두 금실이랍니다.

황남대총 남분 금목걸이 (국보 제194호)

이 금목걸이는 오늘날의 옷에도 멋들어지게 어울릴 만큼 세련됐어요. 가느다란 금실을 꼬아서 금사슬을 만든 다음 금구슬을 연결하고, 가운데에는 굽은 옥 모양의 금장식을 달았어요. 처음 발견했을 때는 무덤에 묻혀 있던 신라 사람의 목에 걸려 있었다고 해요.

국립경주박물관

금관총 금제 허리띠 (국보 제88호)

이 아름다운 황금 허리띠는 금관총에서 발견된 유물이에요. 허리띠의 길이는 109센티미터이고, 허리띠 아래로 길게 늘어뜨린 금장식의 길이는 55센티미터예요. 끄트머리의 장식물은 얇디얇은 금실로 연결한 거예요.

금관총 금제관식 (국보 제87호)

이 유물은 금관총 금관의 장식으로 사용되었으리라 짐작되고 있어요. V자 모양으로 생긴 금판에 작고 동그란 금장식을 금실로 엮어 만들었지요. 새가 날갯짓하는 모습을 표현했다고 해요.

지도로 보는 우리 역사

한강을 둘러싼 삼국의 대립과 최전성기

삼국 시대는 우리나라 최초로 고대 국가가 성립한 시대였어요. 고대 국가란 역사에 처음 등장하는 중앙 집권적인 통일 국가, 곧 왕을 중심으로 권력이 집중된 나라를 말해요. 고구려, 백제, 신라 중에서 가장 먼저 고대 국가를 성립한 나라는 백제였어요. 그다음은 고구려, 신라 순서였지요. 삼국은 율령을 세우고 불교를 받아들이면서 왕을 중심으로 한 고대 국가를 만들었어요. 그리고 영토 전쟁에 나섰지요. 그러다 보니 고구려, 백제, 신라가 맞닿은 지역, 즉 한강 유역이 치열한 쟁탈지가 되었답니다. 한강 유역을 차지한 나라가 바로 삼국 가운데 가장 힘센 나라가 된 거예요.

백제의 발전 (4세기)

삼국 시대에 가장 먼저 고대 국가를 이룩한 나라는 바로 백제였어요. 4세기 근초고왕 때였지요. 이 시기의 백제를 상징하는 유물로는 '칠지도'를 들 수 있어요. 칠지도는 곧은 칼 양옆으로 칼날이 가지처럼 세 개씩 뻗어 있어서, 칼날이 모두 일곱 개예요. 그래서 칠지도라고 불러요. 칠지도는 근초고왕이 일본 왕에게 내린 하사품으로, 백제와 일본과의 관계를 알려 주는 유물이랍니다.

칠지도

100

고구려의 발전 (5세기)

고구려는 5세기, 광개토 대왕과 장수왕 때 전성기를 맞이했어요. 광개토 대왕은 한강 이북을, 장수왕은 한강 이남 지역을 차지했지요. 이 시기 고구려의 영광은 '광개토 대왕릉비'에서 확인할 수 있어요. 광개토 대왕릉비는 높이가 6.39미터나 되고, 글자도 1,775자나 새겨져 있어요. 고구려의 건국 신화부터 광개토 대왕의 업적까지 담고 있지요. 오늘날의 중국 길림성 집안시에 있어요.

광개토 대왕릉비

신라의 발전 (6세기)

신라는 세 나라 가운데 가장 늦게 최전성기를 맞이했어요. 6세기 진흥왕 때였죠. 진흥왕은 한강 유역을 차지하고 오늘날의 함경도 지방까지 영토를 넓혔어요. 그리고 자신의 정복 활동을 후세에 남겼지요. 바로 단양 적성비와 네 개의 진흥왕 순수비(북한산비, 황초령비, 마운령비, 창녕비)예요. 남쪽 지방을 차지하여 세운 것은 단양 적성비와 창녕비였고, 고구려 땅에 세운 건 황초령비와 마운령비였어요. 또 한강을 차지한 기념으로 북한산비를 세웠답니다.

북한산 신라 진흥왕 순수비

세계사는 지금! 기독교와 로마 제국

기독교의 탄생

기독교는 이슬람교, 불교와 함께 '세계 3대 종교'로 손꼽혀요. 기독교는 서기 1세기에 지금의 팔레스타인 지역에서 생겨 났어요. 오직 단 하나의 신을 섬기는 유일신교이지요. 기독교는 십자가에서 못 박혀 죽은 예수 그리스도가 구세주라고 믿어요. 그래서 처음 생겨났을 때는 팔레스타인 지역은 물론, 지중해 지역의 주인이었던 로마 제국의 핍박을 받았지요. 그래서 수많은 기독교인이 '카타콤'에서 몰래 예배를 드렸어요. 카타콤은 지하의 묘지에 만든 교회였어요. 하지만 너무 나도 많은 사람이 죽음을 두려워 않고 기독교를 믿자, 로마 제국의 콘스탄티누스 대제는 밀라노 칙령을 내리고 기독교 를 공인해 주었어요. 서기 313년의 일이었지요. 그리고 수십 년 뒤에는 테오도시우스 황제가 기독교를 로마의 국교로 삼 았답니다. 이후 기독교는 로마 제국을 중심으로 동서남북 전 세계로 퍼져 나갔어요. 특히 유럽에서 뿌리내리며 유럽의 모든 문화와 예술, 사상의 기반이 되었지요.

초기 기독교인들이 숨어서 예배 드렸던 '카타콤'

로마 제국의 성립과 동서 분열

로마 제국의 대표적인 원형 경기장 '콜로세움'

'모든 길은 로마로 통한다.' '로마에 가면 로마의 법을 따르라.'라는 말을 들어 봤나요? 로마는 유럽과 지중해 각지에 있는 속주(식민지)에 도로를 깔아 연결되게 했어요. 또 로마의 법은 오늘날 유럽을 비롯한 세계 법의 기본이 되었지요. 로마 제국은 이탈리아 반도의 가운데쯤 위치한 도시 '로마'에서 태어났어요. 작은 도시 국가로 시작했지만, 차츰 이탈리아 반도 전체를 차지하고 지중해의 패권을 손에 넣었지요. 그리고 기원전 27년에 아우구스투스가 제정, 곧 황제가 다스리는 체제로 바꾸었답니다. 이어 로마 시는 로마 제국의 중심지가 되었어요. 로마의 황금 시대는 수 세기 동안 이어졌어요. 로마 제국과 속주 사이에 도로를 만들고 로마의 문물을 곳곳에 퍼뜨렸지요. 또 유럽, 아프리카, 아시아의 속주에서 풍요로운 물자가 로마로 몰려왔어요.

그러나 기독교를 국교로 삼았던 테오도시우스 황제가 아들 둘에게 제국을 둘로 나누어 물려주면서 로마의 역사는 바뀌게 되었어요. 이탈리아부터 서유럽, 북아프리카에 이르는 서로마 제국과 그리스부터 아시아 지역을 아우르는 동로마 제국으로 갈라져 버렸거든요. 안타깝게도 서로마 제국의 수명은 길지 못했어요. 백 년도 채우지 못한 476년에 역사 너머로 사라졌지요. 반면 동로마 제국은 1453년에 터키에게 멸망할 때까지 역사를 이어 갔답니다.

사진 제공 및 출처

국립경주박물관
97쪽 천마도, 경주 계림로 보검
99쪽 황남대총 남분 금목걸이

국립공주박물관
67쪽 무령왕릉 석수, 무령왕릉 묘지석
68쪽 무령왕릉 금제관식(왕), 무령왕릉 금제관장식(왕비), 무령왕릉 중국에서 수입한 도자기

국립중앙박물관
98쪽 금관총 금관 및 금제관식
99쪽 금관총 금제 허리띠
101쪽 북한산 신라 진흥왕 순수비

동북아역사재단
34쪽 안악3호분에 있는 고구려의 부엌
35쪽 안악3호분 묘주, 안악3호분 묘주 부인
36쪽 수산리고분의 서벽 벽화, 수산리고분의 악대 벽화
37쪽 강서대묘 〈사신도〉

연합뉴스
69쪽 무령왕릉 벽돌 모형
100쪽 칠지도
101쪽 광개토 대왕릉비